PANÉGYRIQUE
DE
SAINT VINCENT DE PAUL

PRONONCÉ DANS L'ÉGLISE DE LA CONGRÉGATION DE LA MISSION, A PARIS

LE 19 JUILLET 1889

En présence de Son Excellence Mgr LOUIS **ROTELLI**

NONCE APOSTOLIQUE

Par Mgr PIERRE-LOUIS PÉCHENARD

PROTONOTAIRE APOSTOLIQUE

VICAIRE GÉNÉRAL DE REIMS

REIMS

IMPRIMERIE COOPÉRATIVE (N. MONCE, DIR.)

24, RUE PLUCHE, 24

M DCCC LXXXIX

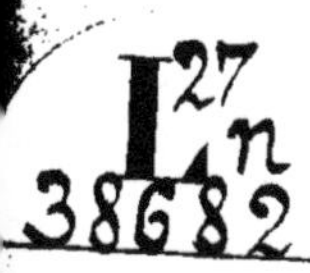

PANÉGYRIQUE

DE

SAINT VINCENT DE PAUL

PRONONCÉ DANS L'ÉGLISE DE LA CONGRÉGATION DE LA MISSION, A PARIS

LE 19 JUILLET 1889

En présence de Son Excellence Mgr Louis **ROTELLI**

NONCE APOSTOLIQUE

Par Mgr PIERRE-LOUIS PÉCHENARD

PROTONOTAIRE APOSTOLIQUE

VICAIRE GÉNÉRAL DE REIMS

REIMS

IMPRIMERIE COOPÉRATIVE (N. MONCE, DIR.)

24, RUE PLUCHE, 24

M DCCC LXXXIX

Justus autem meus ex fide vivit.

Mon juste, à moi, vit de la foi.

(Hebr. x, 38.)

MONSEIGNEUR (1),

MES CHERS FRÈRES,

En montant dans cette chaire pour essayer de vous édifier par le tableau de la vie et des vertus de saint Vincent de Paul, le plus grand embarras que j'éprouve vient de l'inépuisable abondance du sujet. Mon esprit est tourmenté et demeure comme suspendu entre le désir de tout embrasser et l'impossibilité d'y parvenir, entre la nécessité de me borner et la difficulté de faire un choix dans une vie où tout est admirable. Car alors. même que je me contenterais de tracer les grandes lignes de cette existence surhumaine, et de peindre les traits les plus saillants de cette physionomie déjà si connue, le sujet dépasserait encore de beaucoup les limites d'un discours.

Il me faudrait, en effet, dérouler sous vos yeux éton-

(1) Son Excellence Mgr Louis ROTELLI, Nonce apostolique en France.

nés la prodigieuse série des travaux qu'entreprit saint Vincent, et des œuvres sans nombre qu'il fonda pour la gloire de Dieu, pour la sanctification des âmes, pour l'honneur de l'Église et pour le soulagement des membres souffrants de Jésus-Christ.

Et cependant cette peinture de ses œuvres publiques ne serait encore, Mes Chers Frères, que l'écorce de cette vie merveilleuse. Il me faudrait, en outre, pénétrer avec vous dans l'intérieur de Vincent, dans ce sanctuaire intime, fermé aux regards profanes, et orné avec un soin jaloux en vue de plaire à Dieu seul. Et là, que de qualités humaines, que de vertus surnaturelles n'aurions-nous pas à célébrer! Tout d'abord ce bon sens, que Bossuet appelle si justement « le maître de la vie », et que personne peut-être ne posséda à un plus rare degré que Vincent! Cette simplicité et cette droiture naturelles, qui méprisaient les détours et les ruses, et qui lui valurent tant de succès dans les affaires! Cette prudence consommée, que les hommes les plus expérimentés ne prenaient jamais en défaut et qui en fit l'oracle de son temps! — Et puis, cette douceur inaltérable qui lui assurait l'empire des cœurs! Cette ardente charité qui enfanta tant de merveilles! Cette profonde humilité, sa vertu favorite au milieu des honneurs! Cette mortification, dont le simple récit serait pour notre mollesse un objet d'effroi! Ajoutez à cela cet esprit intérieur, ce recueillement continuel à travers le fracas des occupations! Tout cet ensemble, en un mot, de dons de nature et de qualités surnaturelles qui faisait dire à saint François de Sales que Vincent de

Paul était de tous les prêtres « le plus saint qu'il connût ». Voilà ce qu'il nous faudrait retracer.

Mais ne pouvant tout embrasser, j'ai cru qu'il ne serait ni sans intérêt pour vos esprits, ni sans profit pour vos cœurs de vous présenter un raccourci de toute la vie, des vertus et des œuvres du saint prêtre, en vous les montrant dans leur source commune, je veux dire dans la foi de Vincent. Telle, en effet, on voit dans nos vergers une humble graine s'entrouvrir sous les chauds rayons du soleil et sous la pluie fécondante, et donner naissance à une tige qui se développe, devient un arbre et se couvre d'une riche couronne de feuilles, de fleurs et de fruits ; ainsi la foi de Vincent fut le grain de sénevé, le germe précieux qui, en se développant sous l'action de la grâce céleste, donna naissance à la brillante floraison de ses vertus et de ses œuvres.

Il m'a semblé, d'autre part, qu'il était opportun d'opposer au spectacle énervant des défaillances et des défections des chrétiens de nos jours la fortifiante vision de la foi catholique, telle que Notre Seigneur la réclame de ses disciples, quand il leur dit par la bouche de saint Paul : « Mon juste, à moi, fait de la foi la règle de sa vie : *Justus meus ex fide vivit.* »

J'essaierai donc, Mes Chers Frères, avec la grâce de Dieu, de vous représenter brièvement la foi de saint Vincent de Paul, d'abord en elle-même, puis dans sa fécondité prodigieuse. Fasse le ciel que le contraste entre la vivacité de la foi de Vincent et les langueurs de la nôtre, entre les fruits qu'a portés la foi de Vincent et la stérilité de la nôtre, nous excite vivement à rentrer en nous-mêmes, à retremper nos croyances aux vraies sources, et à en tirer courageusement les conséquences pratiques qui en doivent découler !

Je sens trop, Excellence, tout ce qui me manque pour parler avec quelque autorité d'un tel Saint au milieu de ses enfants spirituels, prêtres, religieuses et laïques, qui connaissent tous les secrets de la vie d'un si bon Père, et qui s'attachent à en perpétuer les vertus ; et surtout pour le faire en présence d'un aussi illustre Prélat, en qui reluit la douce et paternelle autorité de l'immortel Léon XIII, et dont la piété édifie l'Église de France autant que sa prudence, sa fermeté et son esprit de sage modération lui servent de rempart assuré contre les dangers quotidiens qui la menacent. Mais, outre que l'indulgence accompagne d'ordinaire le grand mérite, je me rassure par l'espoir que saint Vincent, à qui j'adresse mon humble prière, m'obtiendra la grâce de parler de lui non point avec cette pompe ni ces vains ornements qu'il ne pouvait souffrir, mais avec cette simplicité évangélique qu'il recommandait par dessus tout aux prêtres de sa Compagnie, et cette onction surnaturelle qui vient de Dieu, et qui, seule, lui gagne les cœurs.

I

Considérons d'abord, Mes Chers Frères, la merveille de la foi de saint Vincent de Paul.

« La foi, nous dit le Saint Esprit par la bouche de saint Paul, la foi est le fondement de tous les biens que nous avons à espérer, *Est fides sperandarum substantia rerum.* » Et pourquoi, Mes Chers Frères, la foi est-elle le fondement de tous nos biens à venir? — Parce qu'elle est le principe de notre justice intérieure, de cette justice qui fait la vie même de notre âme et qui a seule les promesses de l'éternelle félicité.

« La foi, continue l'Esprit Saint, est une conviction intime, et comme une démonstration, par l'autorité divine, des vérités et des biens suprasensibles ; *Est fides argumentum non apparentium* (1). » — C'est, en un mot, une adhésion totale de l'esprit et de la volonté aux vérités révélées de Dieu et enseignées par notre Mère la sainte Église.

Ainsi entendue, la foi est d'une absolue nécessité pour le salut. Sans la foi, il est impossible de plaire à Dieu,

(1) *Hebr.* XI, 1, 2.

car elle est, dit la théologie, la racine même du salut; sans la foi, il est impossible de pratiquer la vertu à un degré éminent, parce que l'âme ne se porte vers le bien que suivant l'idée qu'elle s'en fait, et que la foi seule lui en fournit une notion juste et vraie; sans la foi, il est surtout impossible d'élever l'édifice d'une haute et durable perfection, parce qu'elle est ce roc solide sur lequel Notre Seigneur veut que nous établissions l'ouvrage de notre sanctification : sinon le vent du doute souffle, l'orage des passions éclate, et la vertu qui ne reposait que sur l'imagination et la sensibilité, s'écroule au premier choc comme une maison assise sur des sables mouvants.

De ces principes indiscutables, que sommes-nous en droit de conclure, Mes Chers Frères, par rapport à saint Vincent? Nous devons conclure tout naturellement que si Vincent a pratiqué de si héroïques vertus, s'il a porté si haut l'édifice de sa perfection, s'il est devenu si agréable à Dieu, c'est qu'il avait commencé par acquérir des convictions assez profondes et assez fermes pour en faire les régulatrices de sa vie, et qu'il avait établi son âme sur le fondement inébranlable de cette foi dont Notre Seigneur Jésus-Christ a dit : « En vérité, je vous le déclare, si vous aviez seulement de la foi comme un grain de sénevé, vous diriez à cette montagne : Passe là, et elle y passerait, et rien ne vous serait impossible (1). »

Et en effet, Mes Chers Frères, Vincent, dès son enfance, grâce à ce trésor, entendez-le bien, femmes chrétiennes,

(1) *Matth.* XVII, 19.

grâce à ce trésor que rien ne remplace, les leçons et les exemples d'une vertueuse mère, s'était comme jeté tout en Dieu, et, de très bonne heure, son âme innocente et pure avait appris à s'élever vers son Créateur et à se mouvoir dans cet être infini sans en sortir jamais, semblable au poisson qui se joue à l'aise dans les flots de l'immense Océan. A mesure qu'il s'avança dans la vie, tout son être s'imprégna tellement de l'idée de Dieu et du souvenir de Jésus-Christ, de la Vierge Marie et des Saints, que toutes ses facultés en empruntèrent et leurs mouvements et leurs habitudes, et qu'il s'en forma une sorte d'atmosphère que son âme respirait à toute heure. Son imagination, sa mémoire, son intelligence et sa volonté étaient à ce point remplies du sentiment de la présence de Dieu qu'il pouvait dire avec saint Paul : « Ma vie, à moi, c'est Jésus-Christ ; *Mihi vivere Christus est* », et qu'il entrait déjà, par la foi, comme en possession des biens à venir.

De sa première enfance, passée au milieu des champs, où il semble que l'âme entre plus facilement en communication avec Dieu, Vincent avait emporté une merveilleuse simplicité dans sa croyance. Sa droiture lui inspirait une horreur instinctive de ces discussions théologiques dont les subtilités faisaient tant de ravages à son époque ; son rare bon sens le faisait remonter d'un bond aux premiers principes, c'est à dire à Dieu, qui révèle sans mélange d'erreur, et à l'Église, qui a reçu de Jésus-Christ la mission de conserver la vérité et de l'enseigner avec une autorité souveraine.

L'Esprit Saint menace d'aveugler sous l'éclat de la lumière l'œil assez téméraire pour tenter de scruter la Majesté divine (1). Vincent avait été frappé de cette menace, et il la répétait souvent. « Plus on porte ses yeux, disait-il, pour regarder le soleil, moins on le voit; de même, plus on s'efforce de raisonner sur les mystères de notre religion, moins on les connaît par la foi. C'est assez que l'Église nous les propose. »

L'Église! Mes Chers Frères, l'Église! telle était la première et la dernière raison de sa foi. « Pour croire, disait-il, il suffit que l'Église parle; nous ne saurions nous tromper en nous y soumettant..... » — « L'Église, disait-il encore, est le royaume de Dieu, et Il inspire à ceux qu'il a préposés pour la gouverner les bonnes conduites qu'ils tiennent. » Aussi, Vincent croyait à la parole de l'Église naturellement, simplement, comme un enfant bien né croit à la parole de sa mère; il en recevait toutes les décisions avec une amoureuse docilité, et lui rendait une parfaite obéissance. Il était ravi et son cœur se dilatait quand il retrouvait au fond de quelque campagne cette simplicité de foi qu'il aimait tant, et jamais il ne se lassait d'instruire les cœurs en qui il rencontrait droiture et docilité.

Pourtant ne croyez pas, Mes Chers Frères, que, pour être simple, la foi de Vincent ne fût pas éclairée. Loin de là! Non seulement Vincent était chrétien, mais il était prêtre; il savait ce que Dieu exige de ses ministres, et il

(1) *Qui scrutator est majestatis opprimetur a gloria*, *Prov.* 25, 72.

se tenait en état, selon la recommandation de l'apôtre saint Pierre, de rendre raison de sa foi à tout venant (1). Aussi, ne cessait-il de la retremper à ses vraies sources : l'étude et la prière.

L'étude d'abord. Tandis que Vincent se regardait comme le plus ignorant des hommes et que son humilité lui faisait employer à son endroit des termes presque méprisants, tandis que les sectaires, auxquels il faisait peur, profitaient de ces exagérations d'une conscience timorée pour le discréditer dans l'opinion publique et représenter sa foi comme une ignorante simplicité, Vincent ne négligeait aucune occasion ni aucun moyen de s'instruire. Il s'adonnait avec ardeur et persévérance à l'étude de la religion, et, suivant l'expression de son saint ami François de Sales, il regardait la science « comme le huitième sacrement de la loi nouvelle » pour un prêtre.

Avec l'étude et au-dessus de l'étude, la prière. A l'exemple de saint Thomas d'Aquin, Vincent étudiait Dieu et ses mystères aux pieds du Crucifix. Méthode sublime, qui a formé l'école mystique des Bonaventure, des François d'Assise et des Thérèse d'Avila ! Méthode que les maîtres de la philosophie humaine dédaignent, parce qu'ils n'y peuvent prétendre, mais que les Saints préfèrent, parce qu'elle les mène à la connaissance de Dieu par le chemin de l'amour, et qu'elle leur apprend à puiser la lumière de l'intelligence et la chaleur du cœur

(1) *Parati semper ad satisfactionem omni poscenti vos rationem de eâ quæ in vobis est spe. Petr.*, 1, 3, 15.

dans les communications directes avec la source incréée de toute vérité et de tout amour ! Aussi, tandis que les plus fameux docteurs discutaient à l'envi sur les matières de la grâce, Vincent consultait Dieu dans l'oraison ; il se plongeait dans la méditation amoureuse de ces mystères, et, parfois, nous dit-il lui-même, il persévérait jusque trois mois dans la considération d'un seul point de notre foi. De cette intime union avec la Vérité même son âme sortait illuminée par des jets de lumière qui ne jaillissent des pages d'aucun livre humain, et qui lui permettaient de résoudre, comme par une intuition surnaturelle, les questions les plus épineuses et les plus controversées.

Aussi, quelle n'était pas, Mes Chers Frères, l'ardeur d'une foi ainsi nourrie ! Avec quelle invincible énergie adhérait-il à nos mystères ! Ces vérités fondamentales, essentielles à la religion, puisqu'elles découlent de la nature même de Dieu, mais toujours impénétrables à la raison humaine, étaient devenues la vie de son âme. Son cœur était si pénétré de la réalité de nos dogmes, qu'il déclarait souvent être prêt à donner sa vie pour les sceller de son témoignage. Cette ardeur, ne se pouvant contenir au dedans, se trahissait dans tout son extérieur. Le souvenir des choses divines l'accompagnait à toute heure et en tous lieux, et imprimait à son maintien ce recueillement continuel, cette rare modestie qui faisaient dire à ceux qui le voyaient passer : « Voici le Saint qui passe ! » Célébrait-il les saints mystères, ou se trouvait-il devant la Sainte Eucharistie, le sentiment de la présence de son aimable Sauveur le jetait dans une sorte de ravissement. Il lui témoignait un respect si profond. que. dans son extrême vieillesse, lorsque ses jambes fatiguées sur les chemins de la charité lui refusaient leur office. il aimait mieux ne plus paraître devant le très saint Sacrement que d'y paraître sans fléchir les genoux jusqu'à terre.

Pour qu'il ne manquât rien à une vertu si parfaite. Dieu se plut à la faire passer par le creuset de l'épreuve. Un docteur de ses amis était horriblement tourmenté par des doutes sur la foi. Vincent n'ayant pu réussir à le soulager se mit en oraison, et, imitant la générosité de saint Paul qui souhaitait d'être anathème pour ses frères, ou plutôt la miséricorde de Jésus-Christ qui s'est immolé pour les péchés du monde, il s'offrit à Dieu comme victime et consentit à prendre sur lui l'affreuse tentation de son ami. Son sacrifice fut agréé de Dieu, le docteur fut délivré, et Vincent fut en proie, depuis ce jour, aux angoisses de la tentation. Quels effets croyez-vous, Mes Chers Frères, que va produire sur son âme le souffle desséchant du doute? Pas d'autres qu'un redoublement de prières, une multiplication de bonnes œuvres et un accroissement de foi. A la tentation, Vincent oppose son *Credo*. Il l'écrit de sa propre main, l'applique comme un spécifique sur son cœur, fait avec Dieu un de ces pactes familiers aux Saints, et convient avec Lui que, chaque fois qu'il portera la main sur ce billet, ce sera de sa part un acte de foi tacite et un désaveu formel de la tentation. Plus le démon redouble ses attaques, plus Vincent multiplie ses actes de foi et de confiance en Dieu. Aussi, comme on voit le chêne de nos montagnes battu par les vents du Nord jeter en terre de plus profondes racines, ainsi Vincent, harcelé par le démon, sort de cette lutte de quatre années plus affermi dans sa foi, plus capable de comprendre les souffrances des âmes qui passent par cette redoutable voie, et plus apte à les soulager.

Il possédait donc cette foi à laquelle le Saint Esprit promet la victoire sur le monde : *Hæc est victoria quæ vincit mundum, fides nostra* (1). Aussi la victoire promise fut complète. Vainqueur des tentations du démon, Vincent n'eut pas de peine à déjouer les calculs des hommes et les subtilités de la secte qui troublait alors la France, je veux dire le jansénisme. En vain les sectaires se dissimulent habilement pour mettre la main sur lui : Vincent les voit venir, il est le premier à démasquer Saint-Cyran, à deviner le venin caché sous ses principes à demi-voilés et à signaler le danger des écrits d'Arnault sur la communion. Sentir l'erreur et la repousser avec indignation est pour lui une même chose : *Serpentes errores simul sensit et exhorruit*, lisons-nous dans son office. Non seulement il la repousse loin de son esprit, mais il s'attache avec un soin jaloux à en préserver sa Compagnie ; et, tandis que d'autres Congrégations célèbres se laissent séduire par ces pernicieuses nouveautés, la sienne reste pure de toute atteinte. Si quelqu'un de ses prêtres laisse entendre un mot favorable

(1) *Joann*, 1, 4.

aux idées des novateurs. Vincent le reprend avec autorité ; l'un d'eux lui paraît suspect, il n'hésite pas à le renvoyer. Malgré la haine dont le poursuivent les sectaires, il met au service de la foi toute l'influence dont il jouit près des pouvoirs publics, et il barre courageusement le chemin à l'erreur. « Je remercie Dieu, se plaisait-il à répéter, quand l'Église eut enfin foudroyé le jansénisme, je remercie Dieu de m'avoir conservé dans l'intégrité de la foi au milieu d'un siècle qui a produit tant d'erreurs et d'opinions scandaleuses... Malgré toutes les occasions périlleuses qui se sont présentées pour me détourner du droit chemin, je me suis toujours trouvé, par une protection spéciale de Dieu, du parti de la vérité. » — Telle fut la foi de Vincent.

Si maintenant nous nous replions sur nous-mêmes, Mes Chers Frères, quel contraste entre la foi de ce grand serviteur de Dieu et celle de la plupart des chrétiens de nos jours ! Oserions-nous bien essayer d'établir un parallèle quelconque ?

Où sont, en effet, parmi nous, les hommes qui regardent la foi comme le plus grand des biens ? Quels sont ceux qui se préoccupent avant tout de la conserver et de la développer soit en eux-mêmes, soit dans leurs familles, soit chez les inférieurs auxquels ils commandent ? Combien en est-il qui s'appliquent à la nourrir par de solides lectures et par une sérieuse étude de la religion ? On veut savoir tout le reste, on veut posséder des idées exactes sur les arts, les lettres, les sciences, l'industrie et le commerce ; mais quant à la foi, combien n'en est-il pas qui se croient dispensés de l'étudier? Comme si la science de la religion n'était pas la première des sciences, celle qui intéresse le plus vivement et notre présent et notre avenir!

Où trouver aujourd'hui des fidèles qui vivifient leur foi par la pratique quotidienne de l'oraison? On a du temps pour tout; on en trouve pour les affaires et l'on en réserve pour les plaisirs; mais qu'il est petit, Mes Chers Frères, qu'il est petit, le nombre de ceux qui trouvent chaque jour quelques instants à consacrer à la méditation des choses saintes!

Aussi, Mes chers Frères, quelle ignorance des vérités les plus essentielles! quel affaiblissement des croyances! quelle langueur dans les âmes! La foi a cessé d'être, chez un grand nombre, ce flambeau qui doit briller pour éclairer la marche; elle n'est plus, suivant l'expression attristée de Notre Seigneur, qu'une mèche à peine fumante. Faut-il nous étonner après cela que l'indifférence envahisse les âmes, et que les plus grandes vérités ne fassent presque plus d'impression? Faut-il nous étonner que nos plus saints mystères restent lettre morte pour la foule, que le péché mortel n'excite plus d'indignation, que la mort subite devienne une leçon sans portée, que la pensée des fins dernières laisse les cœurs froids et insensibles! Faut-il nous étonner que les prévarications publiques excitent à peine çà et là quelques généreuses protestations, que l'on voie presque sans émotion mettre Dieu et son Christ hors des lois et de la société, et que les coups de tonnerre de la justice divine nous laissent eux-mêmes dans une sorte d'insensibilité ?

Hélas, hélas ! la foi, il faut bien en convenir, est affaiblie chez la plupart des hommes ; et cependant, quelle époque fut jamais plus raisonneuse en matière de religion ? Sans doute, abdiquer sa foi, personne ne le voudrait ; mais cette foi n'est ni humble ni simple. On a ses préférences secrètes, on discute l'autorité de l'Église enseignante, on la circonscrit, on se croit en droit de trancher dans des questions dont on possède à peine les premiers éléments. Faut-il, Mes Chers Frères, chercher ailleurs que dans cet affaiblissement des convictions la raison de tant de naufrages dont nous sommes chaque jour les témoins affligés ? Pourquoi le doute cause-t-il tant de ravages dans les jeunes esprits ? Pourquoi la crainte des jugements de Dieu a-t-elle si peu d'empire sur les cœurs ? Pourquoi tant de lâches capitulations en face des moindres attaques ? Pourquoi tant de neutralités de mauvais aloi qui vont grossir les rangs de l'ennemi ? Pourquoi tant de défaillances et de chutes dans la vie morale ?

Ah ! Mes Chers Frères, interrogeons-nous avec franchise. Demandons-nous avec sincérité si nous n'aurions pas, nous aussi, qui que nous soyons, laissé s'amoindrir en nous le dépôt sacré de la foi ; et, s'il en était ainsi, frappons-nous la poitrine avec amertume pour le passé et avec une ardente résolution de nous amender dans l'avenir.

II

La foi, avons-nous dit, Mes Chers Frères, est la racine du salut, *radix salutis*. Oui, mais à condition que cette racine porte des fruits. Car la foi sans les œuvres, dit l'apôtre saint Jacques, est une foi morte, et, partant, inféconde (1). Il est donc nécessaire que la foi influe sur la direction de nos pensées et de nos jugements, et que, des hauteurs de l'esprit, elle descende dans nos actes quotidiens, pour en être tout d'abord l'inspiratrice, et pour les diriger ensuite, selon ses lumières propres, vers un but surnaturel. C'est cette influence de la croyance sur la conduite pratique qui constitue ce que l'Esprit Saint appelle *vivre de la foi*.

Or, ici encore, Vincent nous offre un modèle achevé ; car, en lui, la multiplicité et l'excellence des fruits furent proportionnées à la force et à la vigueur de la racine que nous venons d'admirer.

Si la foi, en effet, brillait dans son âme comme une lumière éclatante, c'est à cette lumière qu'il réglait ses pensées, ses affections, ses jugements et ses désirs, qu'il

(1) *Fides, si non habeat opera, mortua est in semetipsa.* — *Jac.*, 2, 17.

formait ses projets et exécutait ses entreprises. Il ne jugeait des choses que selon les principes surnaturels, il ne les considérait qu'en Dieu, ne les goûtait que dans leur rapport avec Dieu et ne les aimait qu'en Dieu. La foi était pour son regard un point de vue supérieur d'où il ne s'écartait jamais. Dieu seul! Dieu en tout! telle était sa devise. Jamais rien pour sa propre satisfaction, jamais rien pour le monde. « Mieux vaudrait, s'écriait-il un jour, être jeté pieds et mains liés sur des charbons ardents que de faire une action pour plaire aux hommes. » Il ne pouvait concevoir qu'on pût prendre ses inspirations en dehors de Dieu, et jamais, lorsqu'il était consulté, même au milieu du tumulte des affaires, il ne répondait sans avoir d'abord pris conseil de ce maître souverain, au moins par un regard intérieur. Il n'admettait d'autre criterium sur l'amour de Dieu, l'amour du prochain et le renoncement personnel, que les plus pures maximes évangéliques. En un mot, il avait réalisé en lui-même ce vœu de l'apôtre : *Hoc sentite in vobis quod et in Christo Jesu*, n'avoir plus en soi ni pensées ni sentiments que ceux de Jésus-Christ. « Rien, disait-il, rien ne me plait qu'en Jésus-Christ. » Quoi d'étonnant, après cela, Mes Chers Frères, que sa conduite fût si différente de celle du monde, puisqu'elle reposait sur des principes tout opposés? Mais entrons dans quelques détails.

Si Vincent parlait de la sainte Église, de notre saint Père le Pape, des évêques et des prêtres en général, il ne le faisait qu'avec ce profond respect que l'on témoigne aux représentants du plus grand des souverains, parce que derrière l'Église et ses ministres il apercevait l'autorité même de Dieu rendue visible.

Si la maladie ou l'épreuve s'abattait sur sa communauté, il la saluait comme la messagère de Dieu, il s'en réjouissait et éclatait en actions de grâce. L'année se passait-elle, au contraire, sans mort ni maladie, il se plaignait amoureusement à Dieu d'être délaissé à cause de ses fautes.

S'il rencontrait des prisonniers, des forçats chargés de crimes plus encore que de fers, son âme s'attendrissait en songeant à l'image de Dieu si horriblement défigurée, il les embrassait tendrement comme des frères en Jésus-Christ, et leur montrait le ciel comme récompense prochaine de leurs souffrances d'un jour.

Les pauvres, que le monde rebute, étaient à ses yeux les favoris de Dieu. Sous les haillons de leur misère, il apercevait son Sauveur, et, en soulageant leurs souffrances, il entendait bien secourir ce Dieu fait pauvre pour notre amour. Il était si pénétré de ce sentiment qu'il avait fait vœu de se consacrer à leur service, et que, dans les exhortations qu'il adressait à ses prêtres, il leur vantait souvent « l'éminente dignité des pauvres dans l'Église ».

Il ne pouvait admettre qu'un chrétien se plaignît de la souffrance. « Oh ! que vos douleurs sont fâcheuses, » lui dit un jour un de ses amis, mû par une pensée de légitime compassion. — « Dieu vous pardonne ce que vous venez de dire ! reprit aussitôt Vincent ; on ne parle pas de la sorte dans le langage de Jésus-Christ ! »

Un jour il fut accusé de vol. L'accusation était aussi

absurde qu'injuste. Tout autre se fût justifié avec éclat. Vincent se contenta de nier le fait, et, six ans durant, il supporta patiemment cette lourde croix, heureux de pouvoir suivre les traces de son divin Maître. Un autre jour, sa communauté perdit un procès ; Vincent ne trouva rien d'autre à dire que de bénir le Seigneur et de répéter cette sentence des Livres saints : « *Quos amo, arguo et castigo;* Je châtie ceux que j'aime (1). »

Aucune considération d'honneur ou d'intérêt personnel n'aurait été capable de le déterminer à penser, à juger ou à agir autrement que par les vues de la foi. De là ce désintéressement incomparable qui fit l'admiration de ses contemporains et qui confond toute prudence humaine. On lui offrit pour sa communauté le magnifique prieuré de Saint-Lazare. Vincent, craignant que cette acquisition ne nuisît à l'humilité de sa Compagnie, le refusa énergiquement durant dix-huit mois ; s'il céda enfin, ce ne fut que devant l'autorité et les sollicitations des personnages les plus considérables. Quand parfois des aspirants à la vie religieuse le consultaient sur leur vocation, il se serait bien gardé de les attirer à lui, pour peu qu'il les crût appelés ailleurs, dussent-ils porter dans d'autres maisons, émules de la sienne, les plus belles qualités de l'intelligence et du cœur et les plus précieux avantages de la fortune. Dans les conseils de conscience, jamais il ne se laissa détourner de ses vues surnaturelles, ni par amitié, ni par flatterie, ni par promesses, ni par menaces ; il aimait

(1) *Apocal.* III, 9.

mieux priver sa Compagnie des offres les plus séduisantes que de laisser arriver à un bénéfice un sujet qu'il en jugeait indigne.

Si maintenant des jugements de Vincent nous passons à ses œuvres, comment dire de quelles merveilles son esprit de foi fut la source, quel zèle il alluma dans son cœur pour la gloire de Dieu, quelle charité il lui inspira pour le bonheur et le salut du prochain, quels prodiges il lui fit réaliser?

Il nous faudrait redire d'abord tout ce qu'imagina Vincent pour le soulagement matériel de l'humanité : et la création d'hospices pour les enfants trouvés, et celle d'hôpitaux pour les malades, et les adoucissements apportés aux forçats dans les bagnes, et le rachat des captifs en Barbarie, et la fondation de confréries charitables, et l'établissement des Dames de Charité, dont les pauvres reçoivent encore aujourd'hui les soins assidus et recueillent les libéralités aussi discrètes que généreuses; et celui, plus divin encore, des Filles de la Charité, qui porte avec soi la démonstration permanente et tangible de la divinité de notre religion ; et les secours de toute nature prodigués aux malheureuses provinces de la Picardie, de la Champagne et de la Lorraine, et tant de millions semés par ses mains bienfaisantes dans les villes et les campagnes, et cette admirable société d'hommes du monde, groupés sous son vocable, tout remplis de sa charité et si fidèles à suivre ses exemples ; en un mot, ce vaste système de la charité catholique, et, disons le mot, de la charité organisée, dont l'application serait encore aujourd'hui la vraie solution de cette question sociale qui fait trembler sur ses bases notre société vieillie.

Il nous faudrait ensuite retracer tout ce que Vincent entreprit pour la sanctification des fidèles : la direction modèle de plusieurs paroisses, ses efforts personnels pour la conversion des protestants, l'établissement de retraites spirituelles pour les personnes du monde, la création et la diffusion des missions dans les villes et les campagnes, non seulement en France, mais en Pologne, en Italie, dans toute l'Europe, et depuis les lieux où le soleil se lève, en Perse et à Babylone, jusqu'à ceux où il se couche, dans les vastes contrées de l'Amérique.

Il nous faudrait aussi énumérer tous ses efforts et ses travaux pour la réforme du clergé : la restauration de la discipline dans les monastères d'hommes, la direction des couvents de filles, l'établissement d'exercices spirituels pour les ordinands, de séminaires pour les clercs selon l'esprit et les prescriptions du saint Concile de Trente, et celui de conférences ecclésiastiques pour les prêtres déjà engagés dans le ministère ; mais par dessus tout, comme couronnement de son zèle apostolique, la fondation de cette sainte Compagnie des Prêtres de la Mission, qui conserve avec tant de fidélité l'esprit de son bien-aimé Fondateur, et le propage dans l'univers entier qu'elle couvre aujourd'hui de ses établissements.

Il nous faudrait enfin le suivre plus haut encore et faire ressortir les éminents services qu'il rendit à l'Église de France, dans ce fameux conseil de conscience où son influence ne laissait nommer aux bénéfices et dignités ecclésiastiques que des personnes recommandables par leurs talents et leurs vertus ; et ne craignons pas d'ajouter les services qu'il rendit à l'Église entière par son énergie à combattre la secte tortueuse du jansénisme et à sauvegarder la foi populaire.

Ah ! quelles leçons votre exemple nous donne, ô Bienheureux Vincent ! Avec quelle évidence vous nous montrez ce que peut dans un cœur de prêtre la foi vraiment pratique et vraiment active ! Et que votre vie commente éloquemment la parole de saint Paul : *Mon juste vit de la foi !*

Puisqu'il est vrai qu'on connaît l'arbre à ses fruits, nous pouvons juger, Mes Chers Frères, de la différence de notre foi d'avec celle de Vincent par la différence des résultats. Si la vivacité de la foi de Vincent est déjà un reproche contre la langueur de la nôtre, les fruits qu'elle a portés ne condamneraient-ils pas davantage encore notre propre stérilité ?

Nous croyons sincèrement tout ce que Vincent croyait ; ce serait nous faire injure que d'en douter. Mais cette même foi a-t-elle sur nous la même influence qu'elle avait sur lui? Jugeons-nous de toutes choses, comme Vincent, à la lumière de la révélation ? Est-ce, comme lui, sur les maximes de l'Évangile que nous réglons nos discours et nos actions ? Partageons-nous avec lui les pensées de Notre Seigneur sur les faux biens de ce monde, honneurs, richesses ou plaisirs? Avons-nous les mêmes idées sur la pauvreté, l'humiliation, la souffrance ? Jugeons-nous surtout, comme lui, du vice et de la vertu, de l'enfer et du ciel? Notre esprit ne serait-il pas, au contraire, imbu de certaines fausses maximes du monde, qui ne rattachent la vie à aucun intérêt supérieur et qui enseignent à jouir le plus agréablement possible du présent?

Vincent croyait, c'est pourquoi il agissait : nous croyons, nous aussi : agissons-nous en conséquence? Vincent voyait en Dieu un créateur, un sauveur et un père; c'est pourquoi il se persuadait ne lui avoir jamais assez rendu d'hommages, et n'avoir jamais assez travaillé pour sa gloire. Dieu est pour nous ce qu'il était pour Vincent : que faisons-nous pour le servir? C'est à peine si nous lui réservons quelques pensées dans le cours de la journée. Que faisons-nous pour le faire connaître, aimer et glorifier autour de nous? Notre zèle n'est-il pas bien tiède? N'assistons-nous pas les yeux secs à la ruine de la foi et à l'abandon de la loi divine?

Vincent croyait que tous les hommes sont frères, fils de Dieu et cohéritiers de Jésus-Christ; c'est pourquoi il sentait son cœur dévoré par le feu de la charité, il donnait tout et se donnait lui-même pour le soulagement corporel et pour la sanctification spirituelle de tous les hommes. Nous croyons, nous aussi, à la même fraternité; mais cette croyance engendre-t-elle en nous la même charité? Sommes-nous sensibles aux souffrances de nos frères? Nous imposons-nous généreusement des sacrifices pour les soulager? Notre âme est-elle émue de l'abandon spirituel de tant d'hommes rachetés par le sang de Jésus-Christ? Cherchons-nous, par un zèle industrieux, à les retirer du bourbier du péché? Quand nous aurons quitté cette terre, ceux qui verront passer notre cercueil pourront-ils étendre la main sur nous, et nous adresser la parole des Saints Livres : « Que la bénédiction de Dieu repose sur vous, car vous avez passé en faisant le bien ? »

Juste ciel! quel interrogatoire nous pourrions nous faire subir! Quel besoin avons-nous d'autres sujets de méditations? Nous avons la foi, oui; mais où sont nos œuvres?

Supposez donc, Mes Chers Frères, que saint Vincent de Paul, quittant un instant les splendeurs du paradis où il règne avec Dieu, apparaisse au milieu de nous, en ce moment où nous sommes réunis pour l'honorer. Quel langage pensez-vous qu'il nous tienne? Ses yeux, je n'en puis douter, chercheraient d'abord au milieu de nos rangs, à nous autres, prêtres, cette phalange de saints personnages que Dieu avait donnés en son temps à la noble Église de France, les Bérulle, les Ollier, les Condren, les Bourdoise. Ils chercheraient encore ces femmes angéliques, les Acarie, les Miramion, les Le Gras, les Pollalion, les Goussault, ces vraies mères du peuple, ces fidèles économes de la Providence. Et s'il nous demandait qui donc les a remplacés, quelle joie pour nous, Mes Chers Frères, de pouvoir lui répondre que le sel de la terre ne s'est pas encore affadi et lui montrer en témoignage ces deux mille membres de sa Congrégation, ces vingt-cinq mille Filles de la Charité, ces ferventes dames du monde et ces pieux laïques qui continuent son œuvre sous toutes les formes et en tous lieux! Oh! avec quelle force et quelle tendresse ses lèvres vénérables, après nous avoir bénits, nous inviteraient à ressusciter en nous la grâce de notre vocation, à réveiller notre foi si elle s'est quelque peu assoupie, à la nourrir par l'étude assidue des saintes Lettres, à la fortifier par le fréquent exercice de l'oraison! Comme il nous exciterait à nous attacher toujours davantage à l'Église romaine, à nous serrer toujours plus près de son auguste Chef, qui seul voit clair et seul peut nous guider dans la tempête qui nous agite, à repousser avec vigueur les nouveautés pernicieuses qui courent le monde, et à nous défier dans nos opinions et notre attitude d'une neutralité dangereuse! Comme il nous presserait surtout de mettre notre conduite en harmonie avec notre foi, de ne considérer toutes choses que dans leur rapport avec l'éternité, et de faire converger tous nos biens, tous nos efforts et notre vie tout entière vers ce but unique et suprême où Dieu nous convie, où il nous attend, et où il sera lui-même la récompense de notre fidélité! C'est la grâce que je vous souhaite, Mes Chers Frères, avec la bénédiction de Son Excellence.

10724 — Imp. coop. de Reims (N. Monce, dir., rue Pluche, 24.

www.ingramcontent.com/pod-product-compliance
Ingram Content Group UK Ltd.
Pitfield, Milton Keynes, MK11 3LW, UK
UKHW020226180726
13838UKWH00005B/2209

9 782329 464121